Mandie Davis
&
Alain Blancbec

Pour Cosmic ma
meilleure amie
merveilleuse

First published by Les Puces Ltd in 2017
ISBN 978-0-9954653-3-6
© 2017 Les Puces Ltd
www.lespuces.co.uk
Original artwork © 2017 Alain Blancbec and Les Puces Ltd

Egalement disponible sur notre site

Consultez notre boutique en ligne sur www.lespuces.co.uk

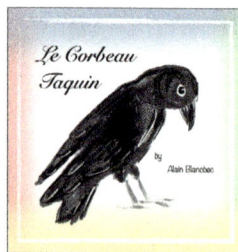

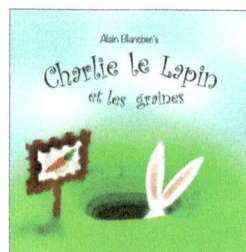

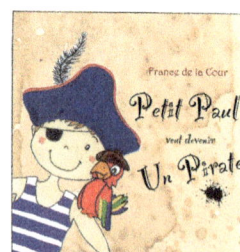

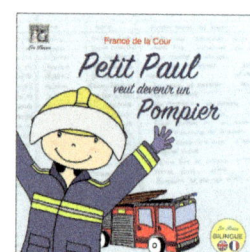

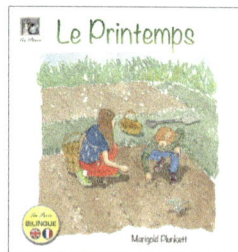

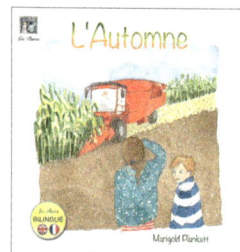

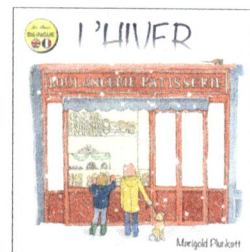

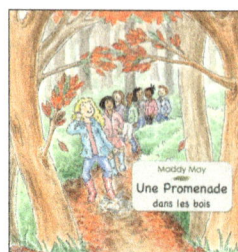

Le Corbeau Taquin
by Alain Blanchec

Alain Blanchec's
Charlie Le Lapin
et les graines

France de la Cour
Petit Paul
veut devenir
Un Pirate

France de la Cour
Petit Paul
veut devenir un
Pompier

Le Printemps
Marigold Plunkett

L'ÉTÉ
by Marigold Plunkett

L'Automne
Marigold Plunkett

L'HIVER
Marigold Plunkett

Maddy May
Une Promenade
dans les bois

Mon Corps
Maddy May

Maddy May
À TABLE

PETIT MONSTRE

Charlie le Lapin
fait une pizza

Mandie Davis

illustrated by Alain Blancbec

« Coucou Escargot » dit Charlie le Lapin. « Comment vas-tu aujourd'hui ? » « J'ai faim » dit Escargot. « J'ai vraiment envie d'une pizza. » « Pas de problème » dit Charlie en souriant, « Je m'en occupe. » « Génial ! » dit Escargot.

Une heure plus tard, Escargot trouve Charlie en train de travailler dans le jardin. Il ne sent pas d'odeur de pizza qui cuit. « Que se passe-t-il Charlie ? » demande-t-il. « Est-ce que la pizza est prête ? » « Oh non Escargot ! Certaines choses prennent du temps ! Je plante les tomates. » « QUOI ? » dit Escargot. « Tu veux bien de la sauce tomate sur ta pizza, non ? » demande Charlie.

Escargot a faim maintenant....il grignote alors un peu les plants de tomates.

Le lendemain, Escargot trouve Charlie en train d'admirer un arbre dans le jardin. « De quel type d'arbre s'agit-il Charlie ? » demande Escargot. « Ce bel arbre à feuilles argentées est un olivier. Ils poussent dans les pays chauds et c'est grâce à eux qu'on obtient de l'huile d'olive, ainsi que les olives dont tu auras besoin pour ta pizza. » « Ah oui, la pizza ! » dit Escargot, « Est-elle prête ? » « Escargot, tu es une créature impatiente » répond Charlie.

Heureusement, Escargot a apporté un
pique-nique pour midi!

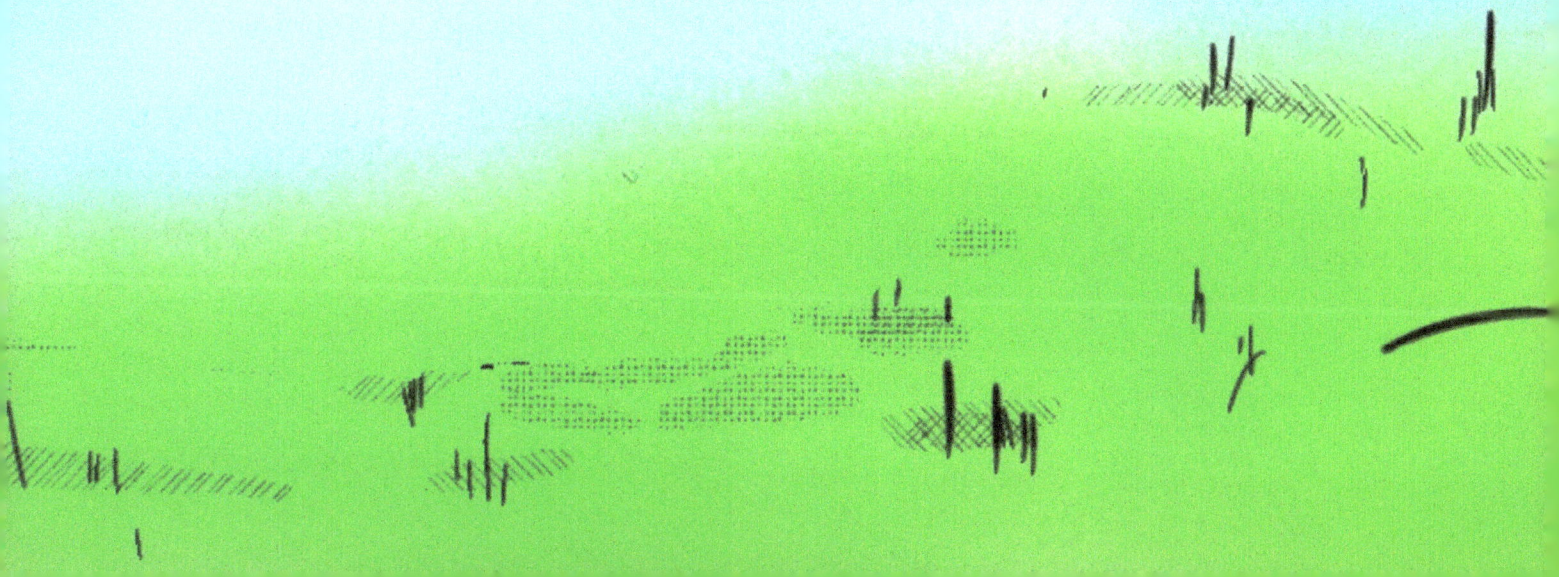

Plusieurs semaines plus tard, Escargot rencontre Charlie allongé au soleil d'automne dans un champ de blé. Escargot a complètement oublié la proposition de pizza. Il essaie de traverser le champ avant que la moissonneuse-batteuse arrive. « J'attends que le blé soit récolté et moulu en farine » explique Charlie.

« Laisse-moi te porter pour traverser le champ, Escargot. Mais au fait, où vas-tu ? » « Je ne sais pas » dit Escargot, « mais ça me plaira quand j'y arriverai. »

Sur la route, Charlie explique que le sel vient de la mer, ou parfois aussi de caves souterraines très profondes. Escargot pense qu'il ferait mieux de rester du côté du champ de Charlie. Il ne veut pas manquer la pizza lorsqu'elle arrivera enfin.

« Le fromage est fabriqué à partir de lait » explique Charlie sur le chemin du retour. « Et d'ailleurs, si tu veux de la mozzarella, je ferais mieux de trouver une bufflonne. » « Oh ne t'embête pas trop, s'il te plait » demande Escargot.

Aujourd'hui 22

23

Demain

Hier 21

20

Charlie continue : « Sais-tu que l'eau est filtrée par les roches– qui mettent elles-même des millions d'années à se former ? » Escargot râle. « OK Charlie. Je comprends. Tu ne vas pas faire de pizza. » « Mais si ! » dit Charlie en riant. « Demain nous mangerons de la pizza – je te le promets. »

Supermarché

Le lendemain, Escargot demande « As-tu tout ce dont tu as besoin Charlie ? » « Une dernière chose : de la levure ! » « Oh non » s'exclame Escargot. « Dieu seul sait d'où ça vient ! » « Du supermarché ! » dit Charlie en riant. « J'avoue avoir triché, mais je m'émerveille de voir combien de choses provenant du monde entier on peut y acheter ! »

Escargot lève les yeux au ciel!

Ce soir-là, Charlie travaille dur dans la cuisine. Il mélange de la farine, de l'huile, de la levure et de l'eau pour former une pâte, qu'il laisse monter pendant qu'il pèle et passe les tomates au presse-tomate. Il se met au travail, il pétrit, coupe, tranche et remue.

Pendant ce temps, Escargot met la table
et décore tout pour leur diner à la belle
étoile.

Lorsque Charlie apporte la pizza, elle est magnifique. Ils ont tous les deux très faim et la bonne odeur se répand partout. Charlie a cueilli du basilic parfumé pour en mettre sur la pizza. « Je l'ai fait pousser à partir de graines » dit Charlie. « Je pensais bien ! » dit Escargot.

Les deux amis s'asseyent face à face et sourient. « Je pense que cette pizza va être la plus délicieuse de tous les temps » dit Escargot. « Ah oui, mon ami » dit Charlie en souriant. « Certaines choses valent la peine d'attendre ! »

The two friends sit opposite each other and smile. "I think this is going to be the most delicious pizza ever," said Snail. "Ah yes, my friend," smiles Charlie. "Some things are worth waiting for!"

When Charlie brings out the pizza, it looks amazing. They are both very hungry and the beautiful smell fills the air. Charlie picked some fragrant basil to sprinkle on top of the pizza. "I grew this from seeds" said Charlie. "I thought so!" said Snail.

Meanwhile, Snail sets the table and makes everything look beautiful for their evening meal under the stars.

That evening, Charlie works hard in the kitchen. He mixes flour, oil, yeast, salt and water to make a dough, which he leaves to rise whilst he peels and sieves tomatoes. He sets to work, kneading, chopping, slicing and stirring.

Snail rolls his eyes!

The next morning, Snail asks "Do you have everything you need now Charlie?" "One last thing: yeast!" "Oh no" gasps Snail. "Goodness knows where that comes from!" "The supermarket!" laughs Charlie. "I cheated I'm afraid, but I was amazed at how many things we can buy there from all around the world!"

'supermarket'

Charlie continues, "Do you know that water is filtered through rocks - which themselves take millions of years to form?" Snail groans. "OK Charlie. I understand. You aren't going to make a pizza." "Yes I am!" laughs Charlie. "Tomorrow we will eat pizza - I promise you."

Today 22

23
Tomorrow

19

21
Yesterday

20

"Cheese is made from milk" explains Charlie on the way back again. "In fact, if you want mozzarella, I had best find a buffalo." "Oh please don't go to too much trouble" pleads Snail.

On the way, Charlie explains that salt comes from the sea, or sometimes from caves deep below the surface of the earth. Snail thinks he'd best stay on Charlie's side of the field. He doesn't want to miss this pizza when it finally arrives.

"Let me carry you across the field, Snail. Where are you actually going?" "I don't know" said Snail, "but I will like it when I get there."

Many weeks later, Snail comes across Charlie lying in the autumn sun in a field of wheat. Snail has forgotten all about the offer of pizza. He is busy trying to cross the field before the combine harvester comes. "I'm waiting for the wheat to be harvested and ground into flour" explains Charlie.

Luckily, snail had brought a picnic for lunch.

The next day Snail finds Charlie admiring a tree in the garden. "What sort of tree is this Charlie?" asks Snail. "This beautiful tree with silvery leaves is an olive tree. They grow in warm countries and we get olive oil from them, as well as the olives that you will need for your pizza." "Ah yes, the pizza! " says snail, "Is it ready?" "Snail, you are an impatient creature" answers Charlie.

Snail is hungry now.....so he has a little nibble of the tomato plants.

After an hour, Snail finds Charlie working in the garden. He can't smell any pizza cooking. "What's happening Charlie?" he asks. "Is the pizza ready?" "Oh no Snail! Some things take time! I'm planting the tomatoes." "WHAT?!" says Snail. "Well, you want tomato sauce on your pizza, don't you?" asks Charlie.

"Hello Snail" says Charlie Rabbit. "How are you today?" "I'm hungry" says Snail. "I would really like a pizza." "No problem" says Charlie smiling, "Leave it to me." "Great!" says Snail.

Charlie Rabbit
makes a pizza

Mandie Davis

illustrated by Alain Blancbec

Also available from Les Puces

Visit the shop on our website at www.lespuces.co.uk

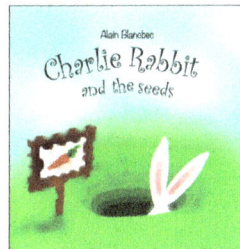

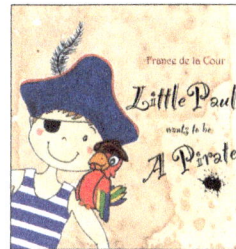

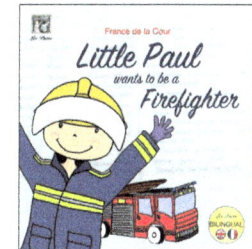

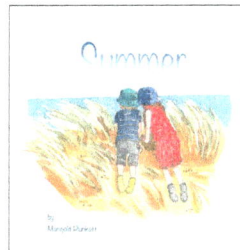

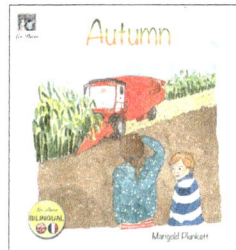

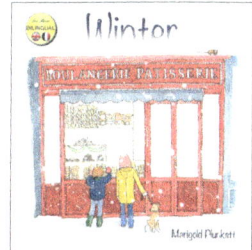

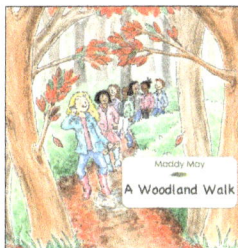

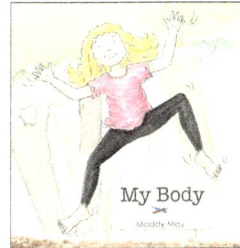

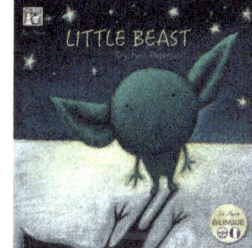

The Cheeky Crow — by Alain Blanchére

Charlie Rabbit and the seeds — Alain Blanchére

Little Paul wants to be A Pirate — France de la Cour

Little Paul wants to be a Firefighter — France de la Cour

Spring — Marigold Plunkett

Summer — Marigold Plunkett

Autumn — Marigold Plunkett

Winter — Marigold Plunkett

A Woodland Walk — Maddy May

My Body — Maddy May

Maddy May AT THE TABLE

LITTLE BEAST

Mandie Davis
&
Alain Blancbec

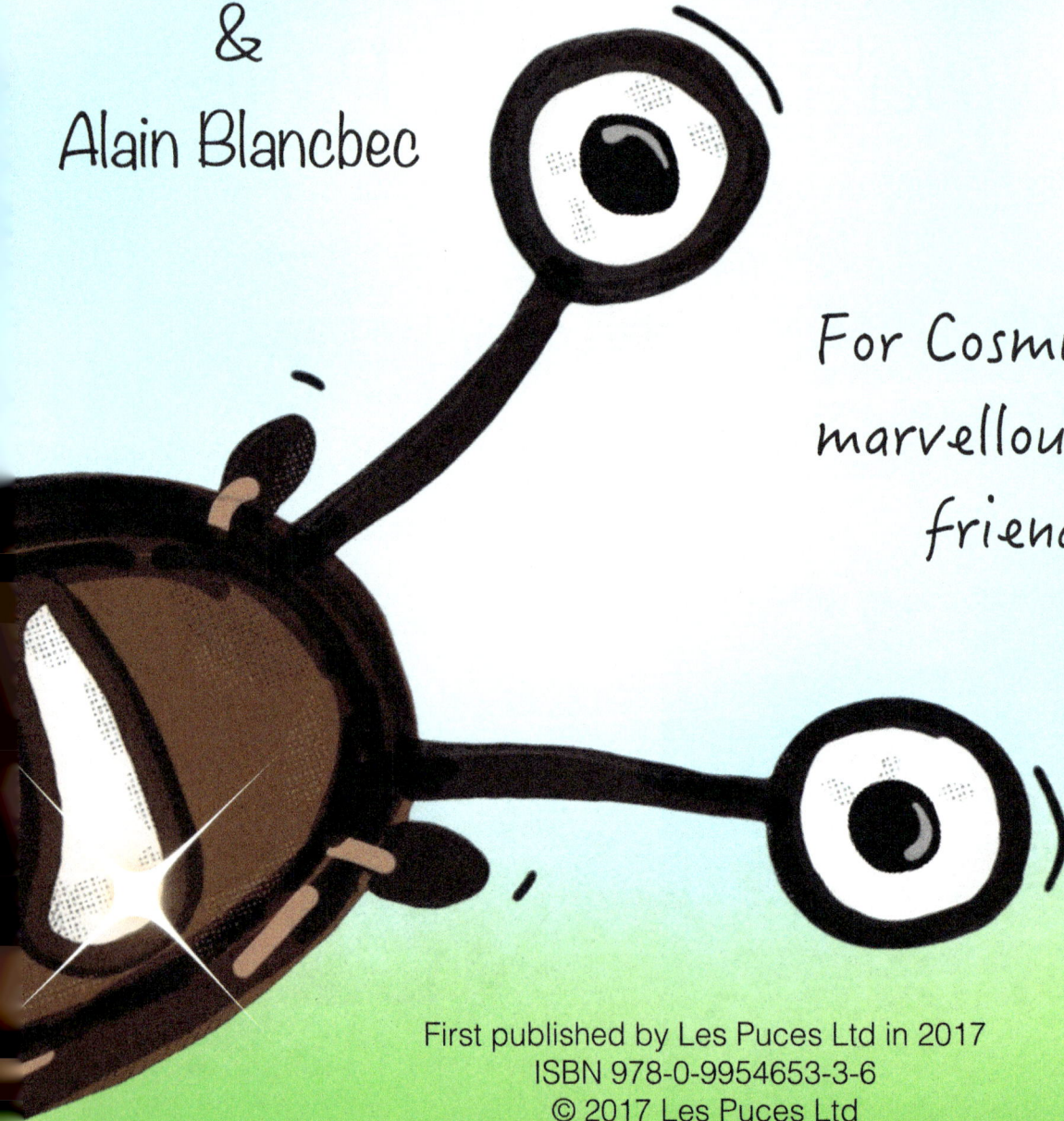

For Cosmic, my
marvellous best
friend!

First published by Les Puces Ltd in 2017
ISBN 978-0-9954653-3-6
© 2017 Les Puces Ltd
www.lespuces.co.uk
Original artwork © 2017 Alain Blancbec and Les Puces Ltd